52 Seiten Kitsch und Liebe

von Frank Kralemann

Buchbeschreibung:

In diesem Buch habe ich Bilder und Poesie eingefügt, die mir gefallen haben. Ich habe Bilder eingefügt , die mich angesprochen haben, dazu Worte die ich dazu passend finde, ich hoffe Sie sprechen auch andere Menschen an. Ein Buch zum nachdenken und für einen anderen lieben Menschen. Romantik und Kitsch liegen dicht beieinander. Darum , Liebe und Kitsch. Mir gefällt es, viel Vergnügen mit dem Buch.

Über den Autor:

Frank Kralemann hat schon viele Bücher geschrieben. Gedichte, Kinderbücher und Ratgeberliteratur. Dieses Buch ist ihm eine Herzensangelegenheit. Frank Kralemann lebt am Teutoburger Wald .

52 Seiten Kitsch und Liebe

Ein Buch für mich

von Frank Kralemann

1. Auflage, 2024 Frank Kralemann

© 2024 Alle Rechte vorbehalten.

Herstellung und Verlag:

BoD - Books on Demand,

Norderstedt

ISBN: 9783757847418

Es gibt viele Arten seine Liebe zu zeigen.

Es geht nicht, sagen die Worte.
Es geht, sagen die Küsse.
Es fehlt was,sagen die Worte.
Es könnte, sagt das Herz.
Es ist Liebe, sagt die Liebe .
Sie hat das letzte Wort.

Wenn ich dir über
Liebe   schreibe
Möchte   mein
Herz   Deinem
Herzen   einen
Kuss geben .

Liebe ist Alles.

Ohne
Liebe,
keine
Schön-
heit.

Liebe
gibt
Orien-
tierung.

Liebe
hat alle
Farben.

Liebe
macht
glück-
lich.

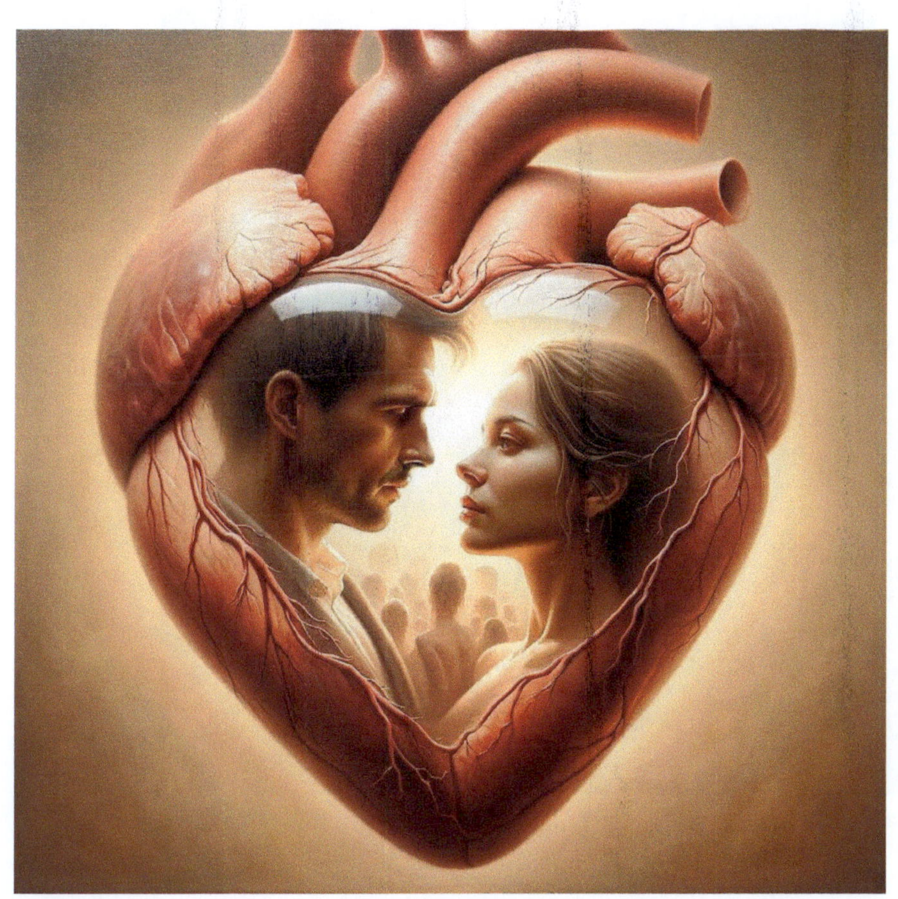

Liebe ist
Leben.

Ohne
Glau-
ben,
keine
Hoff-
nung.

14

Liebe
ist auch
im
Blick.

Oft
küsst
man
einen
Frosch.

Ích
mag
Rosen.

und

Herzen.

Allein
sein
   Zwei
sein
   Eins
sein
   Sein

Golden
Style.

20

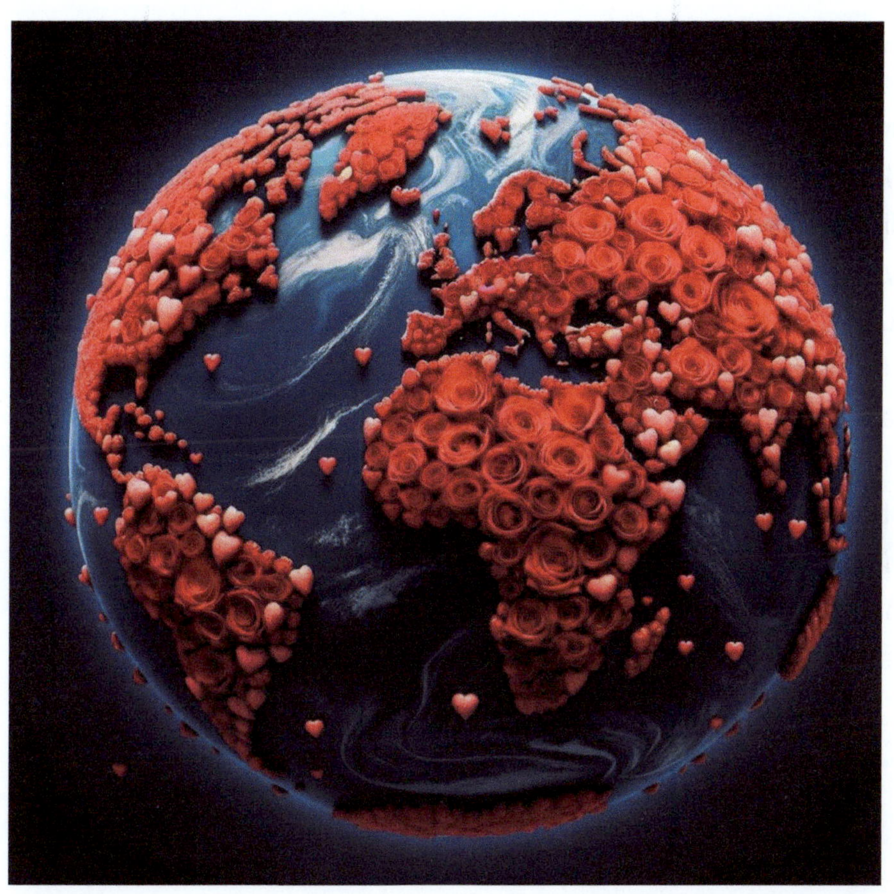

Wie
gesagt,
ich mag
Rosen.

Für die Einzige

Deine kleinen schnellen Küsse schmecken wie ein sanfter Hauch von Frühlingsblumen und fühlen sich an wie das zarte Flüstern eines Sommerwindes auf der Haut.

Deine Liebe ist wie ein unerschöpfliches Feuer, das mit leidenschaftlicher Tiefe brennt und in jedem Augenblick mit seiner beständigen Wärme da ist.

Deine Schönheit gleicht einem lebendigen Gemälde, dessen Farben bei jedem Sonnenaufgang leuchten, deren Anmut an eine zarte Blüte im Frühling erinnert und deren Ausstrahlung das Funkeln der Sterne in einer klaren Nacht widerspiegelt.

Auch Engel fallen.

23

Alleine sind wir Frau und Mann

   Sterne am kaltem Himmel

   Verloren in der Welt

   Zusammen sind wir ein Haus

   Gebaut aus Sehnsucht und Hoffnung

   Geborgen in der Liebe

   Einander ein Zuhause

Schönheit vergeht nicht, sondern wandelt sich.

Manchmal geht nichts mehr.

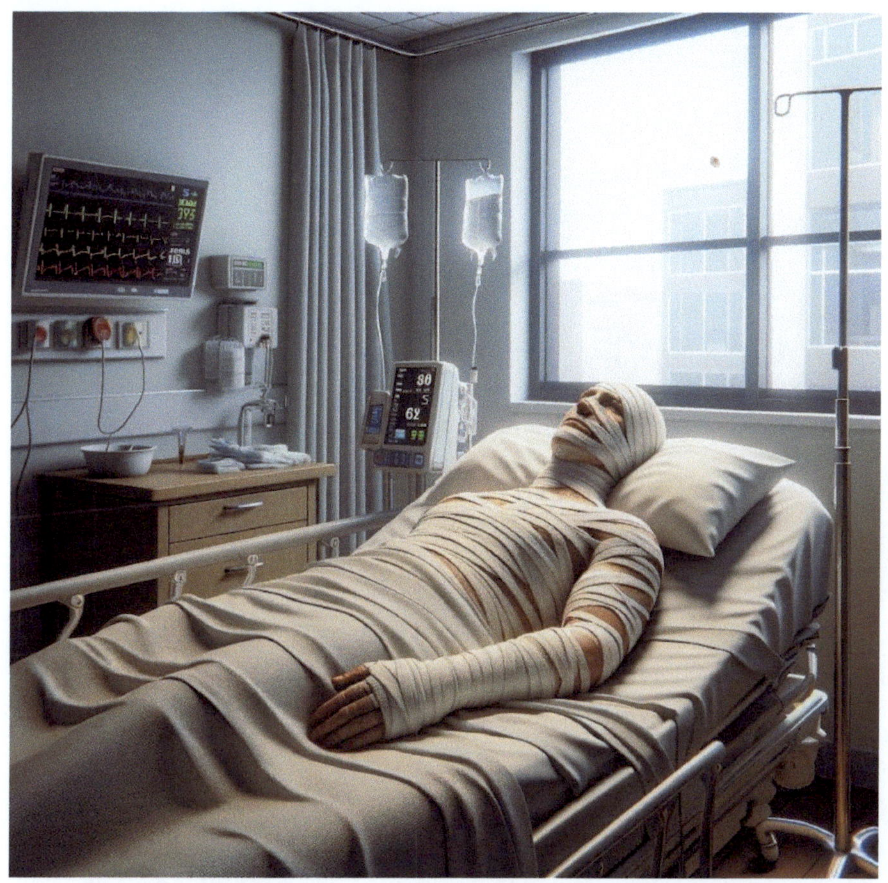

Nähe gibt Wärme.

Eis schmilzt, Liebe bleibt

Rechne mit dem Außergewöhnlichem

Das Glück hat eine Chance bei dem Mutigen.

Verliebte sind mutig

Schönheit will entdeckt werden.

Herbstliebe

Die Frühlings Liebe war

Die erste Liebe

Sie war aufregend, alles

War neu, bunt, heiß

 Manchmal schnell beendet

Mit der Sommerliebe

Bekamen wir die Kinder

Dann bauten wir ein Haus

Doch einmal war sie aus

Die Herbstliebe ist leidenschaftlich

Erfüllend, wenn man

Sie gefunden hat

Wertvoll weil so selten

Wir schätzen Sie und

Halten sie fest

Mit ihr wollen wir durch

Den Winter gehen

Bis ans Ende der Zeit

Danach war die Welt eine Andere .

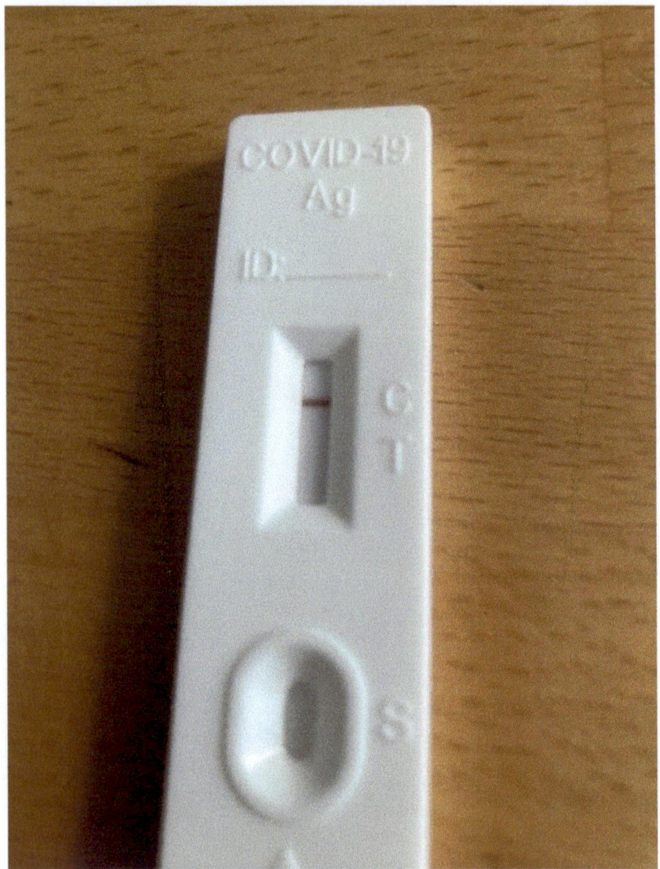

Manchmal sollte man übertreiben.

Wo Licht ist, ist auch Hoffnung.

Kämpfen lernen.

Leben kann man nicht verschieben, Leben vergeht.

Denke an das, was wichtig ist.

Ich mag
Müll-
autos.

Es gibt viele schöne Dinge, manch- mal sind Sie kitschig, trotz- dem schön und wärmen das Herz.

Jeans zieht man sein ganzes Leben lang an.

Sag ja zu deinem Leben

Es gibt dir daß, was Du verlangst

Verlange viel

Zweifel nicht

Sondern vertrau

Du wirst gehalten

Warte nicht

Sondern mach

Das Leben wartet auch nicht

Sondern vergeht

Darum feier den Tag

Die wichtigste Zeit ist die, wenn du bei dir bist, nicht im außen.

Wir sind einsam, wenn wir nicht In der Liebe sind.

Gut wenn man einen Leuchtturm hat, der gibt die Richtung vor.

Schmerz ist ein Teil des Lebens.

Jeder Tag trägt einen Zauber in sich

    Er kann eine Möglichkeit

    Ein Geheimnis

    Eine Hoffnung

    ein Schrecken sein

    Du kannst ihn entdecken

    Gestalten

    Feiern

Alle diese Tage sind dein Leben

    Vergeude Sie nicht